OURSE et LOUP

écrit et illustré par

Daniel Salmieri

hélium

Pour
Eva

C’était une nuit sans vent et des flocons de neige scintillants tombaient à travers les arbres de l’épaisse forêt.

Ourse se promenait, quand soudain elle aperçut quelque chose se détacher sur le blanc éclatant.

Au même moment, Loup se promenait, quand soudain il aperçut quelque chose se détacher sur le blanc étincelant.

Quand Ourse se rapprocha, elle comprit qu’elle avait en face d’elle un jeune loup.
Elle voyait son museau pointu, sa fourrure grise et lisse, ses yeux mordorés et sa truffe noire et humide.

Quand Loup se rapprocha, il vit qu'en face de lui se tenait une jeune ourse.
Il pouvait distinguer sa grosse tête ronde, sa fourrure brune et douce, ses grands yeux marron, sa truffe noire et humide.

«Tu es perdu ? demanda Ourse.

— Non, pas perdu. Et toi ? demanda Loup.

— Pas perdue, non. Je me promène pour sentir le froid sur mon museau et profiter du silence de la forêt quand il neige. Et toi ?

— Je me balade pour sentir le froid sous mes pattes et écouter la neige qui crisse quand je marche.

— Tu veux marcher avec moi ? demanda Ourse.

— Je veux bien », répondit Loup.

Ourse et Loup marchèrent à travers la neige qui tombait en silence.
Leurs yeux, leurs oreilles et leurs nez s'imprégnaient des bois enneigés.

Ils étaient tous deux recouverts d’une fourrure épaisse et sombre.
Tous deux étaient des créatures faites pour résister au grand froid.

Ourse et Loup reniflèrent l'écorce mouillée des arbres et écoutèrent les sons étouffés des flocons de neige qui tombaient sur leurs poils.

Ils ralentirent pour mieux regarder leurs différentes formes.

Très haut, par-delà les arbres, Harfang des neiges planait dans les airs, laissant le vent glacé caresser ses ailes. C'est là qu'elle aperçut, à travers les branches, deux formes sombres se détacher sur le blanc miroitant.

Elle battit des ailes pour atteindre une branche, où elle se posa : elle pourrait mieux les distinguer. Elle pouvait voir, maintenant, qu'il s'agissait d'un ours et d'un loup qui marchaient côte à côte.

Ourse et Loup continuèrent à traverser les bois. Ils levèrent le museau, aperçurent l'oiseau, et passèrent en silence sous la branche où Harfang se reposait.

Il ne neigeait presque plus quand ils parvinrent à une clairière.
Ourse et Loup y étaient déjà venus, l'un et l'autre, mais ils la connaissaient juste sous son manteau vert d'été, quand la forêt bruit de sons et d'odeurs.

En été, le lac est un grand rond d’eau bleue.
Maintenant, c’était un immense cercle blanc.
Ils atteignirent le lac gelé, à travers lequel ils pouvaient observer les mouvements de l’eau.

Ourse déblaya la neige qui recouvrait la glace avec sa grosse patte.

Ils aperçurent, sous la surface de glace nuageuse,
les poissons profondément endormis qui flottaient dans les profondeurs vertes.

« Je dois partir maintenant, Loup, dit Ourse. Je dois retourner à ma tanière et dormir jusqu'à la fin de l'hiver avec toute ma famille.

— Je dois partir, moi aussi, répondit Loup. Je dois retourner à ma meute. Nous suivons la piste des caribous et devrons galoper pendant de nombreuses nuits avant de les atteindre.

— J’ai vraiment aimé marcher avec toi, dit Ourse.
— J’ai beaucoup aimé marcher avec toi, moi aussi, dit Loup. J’espère que nous nous reverrons. »

Ourse tourna le dos à Loup, Loup tourna le dos à Ourse, et tous deux s’éloignèrent.

Ourse passa l'hiver dans sa tanière avec sa famille,
à dormir d'un sommeil profond et sans rêve, bien au chaud dans sa fourrure.

Loup, lui, parcourut l’hiver en silence avec sa meute, à la recherche des caribous.

Un peu de temps s'écoula et l'hiver se dissipa de leur partie de la terre.

La neige fondit, les herbes et les plantes poussèrent à nouveau, et les oiseaux se mirent à chanter. La forêt éclatait de sons et d'odeurs.

Ourse marchait à travers l'herbe épaisse,
quand elle aperçut quelque chose se détacher du vert ondulant.

Ourse et Loup marchent à travers la légère brise, utilisant leurs yeux,
leurs oreilles et leurs nez pour s'imprégner de la forêt qui s'éveille.

Loi n° 49 956 du 16 juillet 1949
sur les publications destinées à la jeunesse
helium-editions.fr/

N° d'édition : JE 377
ISBN : 978-2-330-11132-8

Dépôt légal : second semestre 2018

Traduit de l'anglais (États-Unis) par Gilberte Bourget

Pour l'édition originale, publiée sous le titre *Bear and Wolf*
par Enchanted Lion Books
67 West Street, 317A, Brooklyn, NY 11222, États-Unis

Lettrage de couverture : Daniel Salmieri

Adaptation de la maquette pour l'édition française : Katie Fechtmann

La parution de cet ouvrage en langue française a été rendue possible
grâce à VeroK Agency, Barcelone, Espagne

Imprimé au Portugal par Printer Portuguesa en septembre 2018